CCSS **Género** Ficción

I0800831

Pregunta esencial

¿Qué hacen los animales para sobrevivir?

Hay comida en el cielo

Rosa Oriolo
ilustrado por Daniel Griffo

Hoy es domingo. Diego va al zoológico con sus papás.

A Diego le encantan los animales. Cuando crezca, será veterinario.

AHORA COMPRUEBA

¿Qué será Diego cuando crezca?

Diego mira a los animales.
Pero algo llama su atención.
¡Es la jirafa!

¡Qué cuello largo tiene la jirafa! Diego se ve muy pequeño al lado de ella.

La jirafa alcanza las copas de los árboles.

"¿Estará comiendo en el cielo?", pensó Diego.

AHORA COMPRUEBA

¿Qué animal le llama la atención a Diego?

—La jirafa come ramas tiernas —dice el guía—. Es el animal más alto del mundo. La jirafa mira a su alrededor desde lo alto y puede ver si hay peligro.

La jirafa es muy buena. Le gusta que los niños la visiten.

El guía la acaricia.

La jirafa infunde alegría.

—¿De dónde vienen las jirafas? —pregunta Diego agitado.

—Vienen de África —dice el guía.

AHORA COMPRUEBA

¿Qué come la jirafa?

—¡Uy! ¡Me parece que África está muy lejos! —dice Diego.

—Sí, es verdad, pequeño —responde el guía.

El guía dice que las jirafas llegan en barco.

—¿Y qué comen cuando están en el barco? —pregunta Diego.

El guía le dice que cargan ramas de árboles en los barcos para que coman las jirafas.

Detective del lenguaje

La palabra subrayada, ¿es un sustantivo común o propio?

De pronto, comienza a llover.

Los papás de Diego y el guía abren sus paraguas. La jirafa se esconde entre unos matorrales.

Después de un rato, la lluvia amaina y la jirafa vuelve a comer.

Se adapta muy bien al clima.

—¡Mira, mamá! ¡Una jirafa pequeña! ¡Qué hermosa es! —exclama Diego.

—La jirafa pequeña se llama Susy —dice el guía.

Susy toma agua del estanque. A Diego le gusta mucho verla.

Detective del lenguaje

¿Qué sustantivo propio encuentras en la oración subrayada?

Diego está feliz. Fue un paseo inolvidable. ¡Qué suerte!

Diego quiere volver al zoológico para conocer a otros animales.

Respuesta a la lectura

Resumir

Usa detalles para resumir *Hay comida en el cielo.*

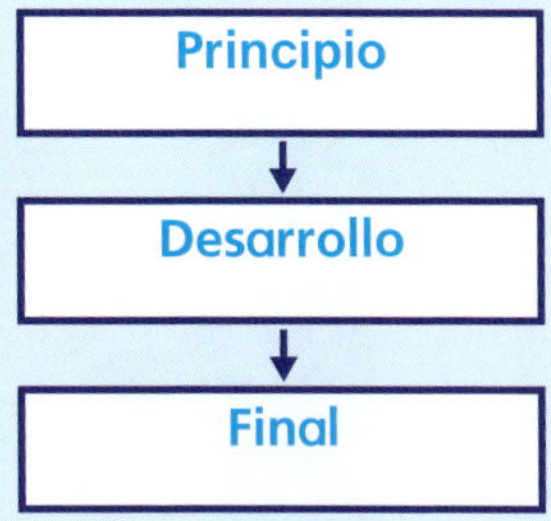

Evidencia en el texto

1. ¿Cómo sabes que *Hay comida en el cielo* es ficción? **Género**
2. ¿Qué hacen los personajes? **Trama**
3. Usa lo que sabes sobre prefijos para definir *inolvidable,* en la página 14. **Prefijos**
4. Escribe acerca de lo que le sucede a Diego en el zoológico. **Escribir sobre la lectura**

Género Texto expositivo

Compara los textos

Lee sobre otro animal grande de África.

Los hipopótamos

Los hipopótamos viven en África.

Los hipopótamos están frescos en el agua. Les gusta nadar en el agua dulce de los ríos.

Los hipopótamos pueden contener la respiración por cinco minutos.

Los hipopótamos comen mucho pasto.

A los hipopótamos les gusta estar bajo el agua. ¡Cierran sus narices!

Comen cuando refresca por la noche. Pueden oler muy bien. Esto los ayuda a hallar comida.

Hipopótamo significa "caballo de agua".

Los hipopótamos se sienten libres en el río. Se mueven de un lugar a otro en el agua.

¿? Haz conexiones

¿Por qué les gusta el agua a los hipopótamos? **Pregunta esencial**

¿En qué se parecen la jirafa y el hipopótamo? **El texto y otros textos**

Enfoque:

Género

Ficción En un cuento de ficción, los personajes y los sucesos son imaginados por el escritor.

Lee y descubre Lo que le sucede a Diego en *Hay comida en el cielo* fue inventado por la escritora.

Tu turno

Piensa en un cuento de ficción. Haz una lista de los personajes y del ambiente. Escribe qué sucede al principio, durante el desarrollo y al final.